Marina Russo y Manuel Vázquez

CURSO DE ESPAÑOL PARA NIÑOS

A LA UNA,
A LAS DOS,
A LAS TRES

Autores
Marina Russo y Manuel Vázquez

Revisión pedagógica
Agustín Garmendia

Edición
Ester Lázaro

Diseño
Enric Font

Maquetación
Óscar García

Ilustraciones
Chirstoph Kirsch, David Revilla

Fotografías
C1 pág. 3 Chris Turner, pipo, Heather Foley; pág. 9 Katherine de Vera, Stachoo, Daniel Moyano, Andrzej Pastuszak; pág. 14 Ned Benjamin, Emily, Jozsef Szasz-Fabian, Ali Taylor, Keran McKenzie, Hervé de Brabandère, García Ortega; pág. 16 Cheryl Empey, Mark Roche, Steve Ford Elliott, Lynne Lancaster; **C2** pág. 38 Afonso Lima, Jean Scheijen, Andreas Schmidt, Brith-Marie Warn, Pasi Romppanen; pág. 39 Ester Lázaro, ejdzej-sxc, Ed Desyon, Manthy, ximagination/Fotolia; **C3** pág. 52 Anne Kitzman/Fotolia, Mike&Valerie Miller/Fotolia, Griszka Niewiadomski, Tijmen van Dobbenburgh; pág. 53 Anja Tessmann, Martin Walls, Sonic Tsai; pág. 54 Trish Parisy; pág. 55 Ira Kurnia Santoso, Mira Pavlakovic; pág. 56 Sarah Schoenfeld/Dreamstime, Karolina Rozkowska; pág. 57 Ulf Hinze, Cristina Romano, Kerstin Braun/Fotolia, Jason Stitt; pág. 68 William George, Beate W, Erik Dungan; pág. 69 Rico Jensen, Victor Burnside/Dreamstime

Tous les textes et documents de cet ouvrage ont fait l'objet d'une autorisation préalable de reproduction. Malgré nos efforts, il nous a été impossible de trouver les ayants droit de certaines oeuvres. Leurs droits sont réservés à Difusión, S. L. Nous vous remercions de bien vouloir nous signaler toute erreur ou omission ; nous y remédierions dans la prochaine édition.

© Los autores y Difusión, Centro de Investigación
y Publicaciones de Idiomas, S.L., Barcelona 2007

Reimpresión: marzo 2016

ISBN: 978-84-8443-242-5
Depósito legal: B 17.794-2007
Impreso en España por Novoprint

Queda prohibida cualquier forma de reproducción, distribución, comunicación pública y transformación de esta obra sin contar con la autorización de los titulares de la propiedad intelectual. La infracción de los derechos mencionados puede ser constitutiva de delito contra la propiedad intelectual (arts. 270 y ss. Código Penal).

A LA UNA, A LAS DOS, A LAS TRES
MÉTODO DE ESPAÑOL PARA NIÑOS

Este manual quiere acercar la lengua española a la realidad de los niños y propone una manera de aprender que tiene en cuenta sus intereses y necesidades. Se trata de promover un **aprendizaje constructivo** en el que la lengua extranjera no aparece como algo ajeno a su universo, sino como una herramienta estimulante y motivadora con la que enriquecen sus experiencias y conocimientos del mundo llevando a cabo actividades interesantes.

La concepción de este curso se basa en el **enfoque por tareas**; es decir, que se invita a los alumnos a hacer cosas en español, a crear productos concretos a lo largo de experiencias positivas de aprendizaje. Todas las actividades que se presentan están relacionadas entre sí y conforman un **desarrollo procesal** del aprendizaje que tiene en cuenta lo que los alumnos han hecho antes y lo que van a hacer después.

La presentación de las actividades está concebida desde el punto de vista del alumno —el auténtico protagonista del aprendizaje— para que en todo momento sepa qué tiene que hacer y por qué lo está haciendo de modo que vaya adquiriendo **autonomía** y se implique de manera consciente.

Se ha prestado una especial atención al **aspecto lúdico**, porque entendemos que la motivación y el juego constituyen elementos claves del aprendizaje. Al mismo tiempo, se ha potenciado el acercamiento a los aspectos culturales como manera de relacionarse positivamente con la diversidad y de potenciar la capacidad de comunicación y entendimiento.

Sin perder de vista las características propias de los alumnos de esta edad, consideramos al niño como un **agente social**, que tiene que realizar sus propias tareas, y que se relaciona con los adultos y con los otros niños, como parte de una sociedad que usa la lengua en todas las actividades de la vida cotidiana. Por eso los niños se acercan a la lengua escuchando, hablando, leyendo y escribiendo. En definitiva, desarrollan las
destrezas que los capacitan para integrarse en una sociedad plurilingüe y multicultural de una manera positiva.

LOS AUTORES

TABLA DE CONTENIDOS

	TAREAS	OBJETIVOS ESTRATÉGICOS	OBJETIVOS SOCIOCULTURALES
CUADERNO 1: NUESTRAS MASCOTAS	**TAREA FINAL** • Escoger y confeccionar la mascota de la clase de español. **TAREAS INTERMEDIAS** • Crear una canción de los animales y de los sonidos que emiten. • Elaborar un póster sobre animales con características y costumbres. • Elegir una mascota y escribir cartas en español para presentarla.	• Expresar la gradación del gusto: **¡Me gusta mucho! ¡Me encanta! ¡Me gusta muchísimo!** • Saludar y despedirse en las cartas informales: **¡Hola!/Querido amigo/Hasta pronto…** • Mostrar desacuerdo y desacuerdo. • Pedir confirmación: **Aquel es el panda, ¿verdad?** • Hacer propuestas: **¿Jugamos a…?** • Establecer los turnos en un juego: **¿Quién empieza?/ Ahora yo/Me toca a mí.** • Llamar la atención y pedir colaboración: **Perdona, ¿puedo hacerte unas preguntas?**	• Onomatopeyas de los sonidos de los animales. • Estructura básica de las cartas en español. • Estructura de las entrevistas en español. • Mascotas típicas de los niños. • Imaginario sobre los animales: características que se les atribuyen.
CUADERNO 2: LA BÚSQUEDA DEL TESORO	**TAREA FINAL** • Organizar un juego para descubrir un tesoro. **TAREAS INTERMEDIAS** • Hacer el plano del barrio. • Jugar a esconder y a encontrar cosas. • Buscar un tesoro.	• Buscar un objeto: **Oye, ¿(sabes) dónde está…?** • Jugar a *Frío, frío, caliente, caliente*. • Justificar una elección: **elijo el.., que va en…/está en…**	• La numeración de los pisos y las puertas de un edificio. • Los objetos del mundo infantil. • Aprender el juego de *Frío frío, caliente, caliente*. • Los puntos cardinales.
CUADERNO 3: DESCUBRIMOS LAS PLANTAS	**TAREA FINAL** • Plantar un pequeño jardín en la clase. **TAREAS INTERMEDIAS** • Conocer el mundo de las plantas. • Aprender a plantar. • Descubrir algunos secretos de las plantas.	• Reacciones ante una planta: **¡Fíjate qué árbol tan raro! ¡Cuidado que pincha! Qué bonita! ¡Qué bien huele!** • Llamar la atención sobre algo: **¿A que no sabes…? ¿Sabías/Sabes que…cómo….?** • Secuenciar acciones: **Primero… después… luego… y al final** • Pedir y dar lo que se necesita: **¿Me pasas../me das..?/ dame…/pásamelo/la/los/las/ Tóma/coge** + (C.O.D). **la/lo/las/los; me pasas../me das..?**	• Ambientes en los que vive cada planta. • Nombres y características de las plantas. • Estaciones para plantar plantas. • Acciones necesarias para plantar.

EXPONENTES LINGÜÍSTICOS

GRAMATICALES

- Comparativo: **más .... que**, **menos ... que** e irregularidades (**mayor que/menor que**).
- Demostrativos.
- Estructura de identificación:
el de/la de/los de/las de + elemento identificador.
- Interrogativos **¿qué?/¿cuál?**
- Diminutivos.
- Gradación de tamaño:
enorme/muy grande/grande/pequeño/muy pequeño.
- Los verbos **ser** y **tener** en la descripción.
- Textos escritos tipo carta.
- Saludos: **¡Hola!/Querido amigo:**
- Despedidas: **Un abrazo/Un beso/Saludos…**
- Textos orales formales tipo entrevista.

LÉXICOS

- Animales: nombres, partes del cuerpo y hábitat.
- Colores.
- Adjetivos de carácter: **juguetón, perezoso, dormilón…**
- Onomatopeyas:
guau, guau/ miau, miau/ cocorocó/ pío, pío/ bee, bee/ hii, hii/ grgrgr/ sss sss/ croac croac
- Sonidos de los animales:
ladrar, maullar, cacarear…

- Para ubicarse en el barrio:
¿Dónde está..?
- Para ubicar:
En la calle/plaza/avenida…
- Para decir dónde vive alguien:
Vivo/vive en…
- Para preguntar dónde vive alguien:
¿Dónde vive … /vives?
- Para dar instrucciones:
**sales de;
vas hasta;
cruzas;
sigues todo recto;
giras a la derecha/izquierda**
- Para ubicar:
hay un/una…
- Contraste **hay/está** en la ubicación.
- Las preposiciones de lugar:
- Uso de la preposición articulada **del**.
- Uso del verbo **poner**.
- Uso de los puntos cardinales en contexto.

- El barrio: establecimientos comerciales, lugares públicos, transportes.
- Léxico relacionado con las instrucciones para ir de un lugar a otro.
- Las direcciones.
- Los números ordinales.
- Las habitaciones, los muebles y los objetos comunes de una casa.
- Los juguetes.
- Los puntos cardinales.

- Preguntar sobre preferencias: **¿Qué prefieres…?**
- Proponer algo: **¿(Por qué no) hacemos un/una..?**
- Para expresar hipótesis: **Yo creo que…**
- Para llamar la atención sobre algo:
¿A que no sabes/ ¿Sabías que…
- Marcadores de frecuencia: **primero; después; luego; y al final**
- Verbo **necesitar**.
- Fórmulas de obligación: **tienes que…/hay que…**
- Fórmulas para pedir lo que se necesita:
En indicativo: **¿Me pasas../me das..?**
En imperativo: **dame…/pásamelo/la/los/las**
- Fórmulas para dar lo que se necesita: **Toma/coge** + CD **la/lo/las/los**
- Fórmulas para jugar a *Frío, frío, caliente, caliente*.
- Formas impersonales: **se puede** + INFINITIVO/ **hay que** + INFINITIVO

- Nombres de plantas, árboles y flores.
- Características de las plantas.
- Los meses y las estaciones del año.
- Las acciones relacionadas con plantar:
plantar, regar, abonar, coger…
- Utensilios y elementos relacionados con las plantas:
maceta, rastrillo, regadera, semillas, piedras, tierra, hoja, flor…

V

ÍNDICE

1 NUESTRAS MASCOTAS

Navegamos por la web de las mascotas	2
Vamos a conocer a los animales	8
Vamos a presentar nuestra mascota	16
Voy a comprobar si ya me lo sé	22

2 LA BÚSQUEDA DEL TESORO

Hacemos el plano del barrio	26
Jugamos a esconder y encontrar cosas	32
Buscamos el tesoro	40
Voy a comprobar si ya me lo sé	46

3 DESCUBRIMOS LAS PLANTAS

Conocemos el mundo de las plantas	50
Aprendemos a plantar	58
Descubrimos otros secretos de las plantas	66
Voy a comprobar si ya me lo sé	70

CUADERNO **1**

NUESTRAS
MASCOTAS

¿Te gustan los animales?

FICHA 1 — NAVEGAMOS POR LA WEB DE LAS MASCOTAS

http://www.delasmascotas.es

LA WEB DE LAS MASCOTAS ¡Ven a descubrirlas!

[¿Tienes una mascota?] [¿Quieres tener un amigo?]
[Un animal puede ser un buen amigo.]

1 Digo si me gustan los animales.

Me gustan muchísimo.
Me encantan.
Me gustan mucho.
Me gustan.
No me gustan.
No me gustan nada.

2 Leo las cartas y escribo el nombre de las mascotas.

EL RINCÓN DE LAS CARTAS

(.....) .... es muy travieso.

1 ¡Hola!
   Me llamo Alberto López Navarro y tengo 11 años. Soy de Pamplona (España). Me gusta mucho la música y tengo un perro que se llama Pipo: es mi mascota. Es muy alegre y lo quiero mucho. ¿A ti te gustan los perros?
   Hasta pronto,

   Alberto

2

Querido amigo:
   Me llamo Verónica, tengo 10 años y soy colombiana, de Bogotá. Me gusta mucho leer y cuidar a mi mascota. Se llama Nemo y es un pez muy lindo que vive en una pecera.
¿Te gusta?
   Verónica

3

¡Hola! ¿Qué tal?
   Soy David Fente Rodríguez y tengo 9 años. Vivo en España, en Cádiz. En mi último cumpleaños, mis padres me han regalado una mascota. Es un conejo muy travieso que se llama Chico.
Y tú, ¿tienes una mascota?
   Hasta pronto,
      David

(.....) .... es muy alegre.

(.....) .... vive en una pecera.

3

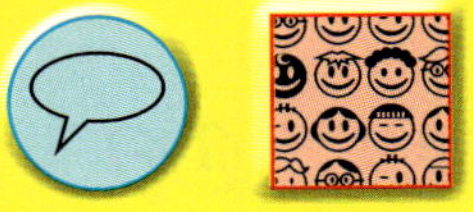

Digo a mis compañeros si tengo una mascota.

–¿Tenéis mascota?
–Sí, sí, yo tengo una.
–¡Yo también!
–Y yo.
–Yo no, yo no tengo.
–Yo tampoco.

Ideafix es una mascota famosa.

No, Garfield es más famoso.

4

Digo si conozco alguna mascota famosa.

tres 3

LA SABANA

ONLE ¡Qué lío! ¡Tengo las sílabas de mi nombre al revés!

EL _ _ _ _

LA SELVA

Si empiezas por el final adivinarás mi nombre **ETNEIPRES**.

LA _ _ _ _ _ _ _ _ _

EL ESTANQUE

LA R _ N _

Escribe dos veces la primera letra del alfabeto para saber quién soy.

6

Escucho cómo hacen los animales y lo escribo.

ladrar: GUAU GUAU
cacarear: CO CO RO CÓ
piar: PÍO PÍO
silbar: SSS SSS
maullar: MIAU MIAU
balar: BEEE BEEE
relinchar: HIII HIII
croar: CROAC CROAC
rugir: GRGRGR

7

Adivino que hace cada animal.

¿El perro? Ladra. ¡Hace guau, guau!

¿Y cómo hacen en tu lengua?

¿Qué hace el perro?

FICHA 1 — NAVEGAMOS POR LA WEB DE LAS MASCOTAS

http://www.delasmascotas.es

8. Escucho y completo la historia de Darío.

Cuando Darío pasea por la ....

se encuentra una

Le dice "Buenos días"

y la ....

le dice **cocorocó**.

Cuando Darío camina por la ....

se encuentra un

Le dice "Buenos días"

y el ....

responde **grgrgrgr**.

Cuando Darío pasea por el ....

se encuentra una

Le dice "Buenos días"

y la ....

le dice **croac, croac**.

Cuando Darío vuelve a la ....

se encuentra un

Le dice "Buenos días"

y el ....

responde **hiii, hiii**.

9

Canto y represento la historia de Darío.

10

Elijo un nombre e invento "La canción de".

Actividad final

FICHA 2 — VAMOS A CONOCER A LOS ANIMALES

1 Busco el nombre de cada animal y lo escribo.

foca elefante canario mono

panda pavo real ratón

gorila zorro hormiga

— Aquel es el panda, ¿verdad?
— ¡Sí! ¿Y ese?

FICHA 2 — VAMOS A CONOCER A LOS ANIMALES

5 Coloreo cada tubo de pintura con su color.

FICHA 2 — VAMOS A CONOCER A LOS ANIMALES

8 Completo los rótulos con las partes del cuerpo de cada animal.

MANO · PLUMAS · MELENA · PELO · CRESTA · ALAS

9 Resuelvo las adivinanzas.

- Al papagayo le sirve para hablar: ....
- Al mono le sirven para subir a los árboles: ....
- Las del conejo son alargadas y las del gato son cortitas: ....
- La tiene el gallo en la cabeza y es roja: ....
- La del pavo real es de muchos colores: ....

FICHA 2 — VAMOS A CONOCER A LOS ANIMALES

12

Escucho y busco cómo es cada animal.

el mono  el panda

el pollito

la foca

C	O	M	I	L	O	N	A	B	X
L	S	I	M	P	A	T	I	C	O
M	O	A	W	Q	G	E	G	F	L
R	Z	O	D	I	K	D	E	P	W
I	E	C	I	C	F	W	Q	V	Y
T	R	A	V	I	E	S	O	P	M
K	E	R	E	F	X	C	B	U	E
B	P	I	R	Y	D	N	M	I	L
U	I	Ñ	T	C	G	E	Q	W	J
T	F	O	I	R	J	Ñ	P	R	K
A	V	S	D	U	T	U	G	H	N
B	S	O	A	R	F	R	T	B	W

la ardilla

el perro

13

Escribo cómo son los animales.

El mono es ....

El panda es ....

El pollito es ....

La ardilla es ....

La foca es ....

El perro es ....

14 catorce

FICHA 3 — VAMOS A PRESENTAR NUESTRA MASCOTA

1 Completo la ficha de cada animal.

Nombre:
....
Características:
Es ....
Tiene ....
Vive en ....
Le gusta comer

Nombre:
mono
Características:
Es ....
Tiene ....
Vive en los árboles.
Es ....

Nombre:
....
Características:
Es ....
Tiene ....
Vive en ....
Le gusta mucho comer

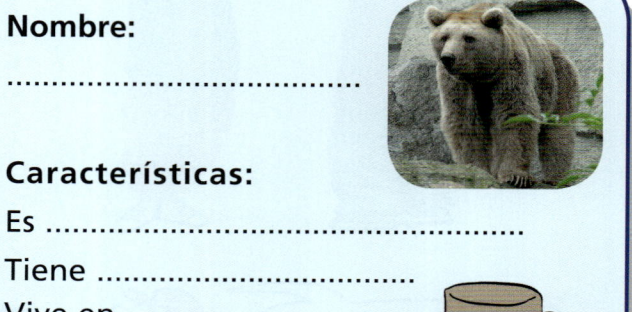

Nombre:
pato
Características:
Tiene ....
Es ....
Le gusta estar en el agua.
Hace ....

Nombre:
....
Características:
Es ....
Tiene ....
Hace ....
Le gusta comer

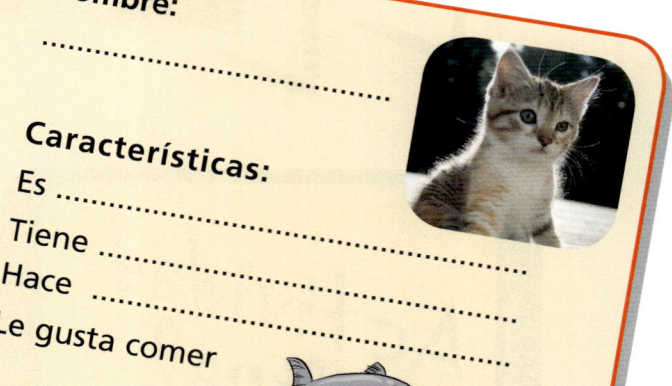

16 dieciséis

Nombre:
....

Características:
Es ....
Tiene ....
Vive en ....
Le gusta comer

Nombre:
ardilla

Características:
Es ....
Tiene ....
Vive en ....
Le gusta comer

Nombre:
gallina

Características:
Tiene ....
Hace ....
Vive en ....
Le gusta comer

Nombre:
....

Características:
Es ....
Tiene aletas y bigotes.
Vive en ....
Le gusta comer ....

La ardilla tiene bigotes.

Sí, y es pequeña y tiene cola. ¿Dónde vive?

2

Digo cómo es cada animal.

diecisiete **17**

FICHA 3 — VAMOS A PRESENTAR NUESTRA MASCOTA

3
Escucho la entrevista y ordeno los fragmentos.

( ) —¿Tienes alguno en casa?
—Sí, un gato blanco y negro muy bonito.

( ) —¿Quién le da la comida y lo cuida?
—Yo, claro. Bueno, también mi madre.

( ) —¿Te gustan los animales?
—Sí, mucho.

( ) —Bueno Raquel, muchas gracias. Y hasta otro día.
—De nada. Hasta pronto.

( ) —Y ¿cómo se llama?
—Pedro. Es mi mascota.

(1) —Hola. Somos de la revista "Nuestras mascotas". ¿Cómo te llamas?
—Me llamo Raquel.

( ) —Y, ¿cuántos años tiene?
—Tres. Tiene tres años.

4
Busco las palabras y completo la descripción.

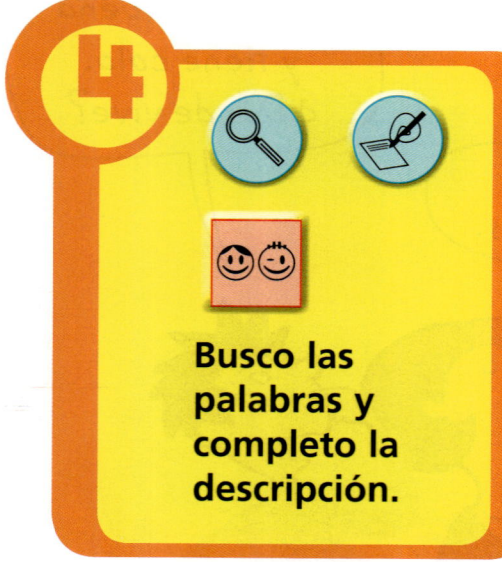

tres, mucho, negro, mascota, gato, bonito, blanco, Pedro

Raquel tiene una .... Se llama .... y es un .... muy .... Es .... y .... y tiene .... años.
A Raquel le gustan .... los animales.

FICHA 3 — VAMOS A PRESENTAR NUESTRA MASCOTA

7 Dibujo mi mascota favorita y escribo su nombre.

Mi mascota favorita ....

8 Presento mi mascota a la clase.

Os voy a presentar a mi mascota.

9

Escribo una carta para la revista "Nuestras mascotas".

¡Hola!

Soy .... y tengo .... años.
Vivo en .... y me gusta mucho
....
También me gustan .... los animales.
Mi animal favorito es ....
Mi mascota es ....
Come ....

Un abrazo,

....

¿Por qué no hacemos el álbum de las mascotas de la clase?

¡Sí! Y elegimos una para toda la clase.

Actividad final

COSAS PARA RECORDAR

Nombre: ....

Características:
Es...
Tiene...
Vive en...
Le gusta comer...

mano   plumas   alas   pico

cresta   pelo

orejas   melena

cola   aletas

pies   bigotes   patas

¿Tenéis mascota?

Sí, yo tengo una.   No, yo no tengo.

¿De qué color es?

AZUL   AMARILLO   VERDE

BLANCO   NEGRO   NARANJA

MARRÓN   ROSA   ROJO

Es famoso/divertido/simpático.
Es famosa/divertida/simpática.
Es más famoso/divertido/simpático.
Es más famosa/divertida/simpática.

¡Hola! ¿Qué tal?
Querido/a amigo/a:

Soy... y tengo... años. Vivo en...
y me gusta mucho... También
me gustan mucho los animales.
Mi animal favorito es..., mi
mascota. Es un/una... muy...
Le gusta mucho... Lo/la quiero
mucho y es mi mejor
amigo/amiga.

¿Cómo es?
Es...   **enorme**
muy grande
grande
pequeño
muy pequeño

Hasta pronto,
Un abrazo,
Muchos besos,

CUADERNO 2

LA BÚSQUEDA
DEL TESORO

FICHA 1 — HACEMOS EL PLANO DEL BARRIO

Avenida de los Rascacielos
Calle de la Vida sana
Calle de los Templos
Paseo de las Olimpiadas
Calle del Comercio

1 Centro comercial
2 Hospital
3 Escuela
4 Cine
5 Correos
6 Supermercado
7 Farmacia
8 Polideportivo
9 Sala de juegos
10 Parque
11 Parada de autobús
12 Parada de taxi
13 Paso de peatones
14 Semáforo

1 Digo qué hay en el barrio.

2 Busco en el plano del barrio.

¿Dónde está el centro comercial?

En la calle de la Vida sana. ¿Y la escuela?

3 Escucho y escribo dónde vive cada niño.

Pablo vive en la calle de ……… ……………
……………………., en el número ……………… ,
………………………. …………………………….

Claudia vive en ……………………..
………………………………………………………
………………………………………………………
………………………………………………………

María vive en la avenida de ……..…………….,
n°…………., ……………………………………….

Javi vive en ……………………..……………
………………………………………………………

FICHA 1 — HACEMOS EL PLANO DEL BARRIO

4

Descubro por dónde va Pablo a la escuela.

Desde allí cruzamos la calle y pasamos por el callejón del Agua, que llega a la plaza de la Comunicación.

Pasamos por delante de la Sala de juegos y cogemos la calle del Tiempo libre.

Cruzo la calle y sigo por la calle del Comercio.

Allí, giro a la derecha por el paseo de las Olimpiadas hasta el hospital.

Allí está el parque del Reposo, atravesamos el parque y vamos a salir justo delante de la escuela.

Yo vivo en la calle de la Vida sana, al lado del centro comercial, en el número 3.

Paso por delante del cine; al lado vive Sofía, en el número 23, primero izquierda.

Salgo de mi casa, paso por delante del centro comercial y voy hasta Correos.

Escribo el recorrido que hace Pablo.

Pablo sale de su casa, ... delante del centro comercial, y .... Correos. Allí gira .... por el paseo de las Olimpiadas .... el Hospital, cruza la calle y .... por la calle del comercio, ... del cine. Allí se encuentra con Sofía. Juntos .... la calle y .... el callejón del Agua. Llegan a la plaza de la Comunicación, ... la plaza y cogen la calle del Tiempo libre. .... el parque del Reposo, ... el parque y llegan delante de la escuela.

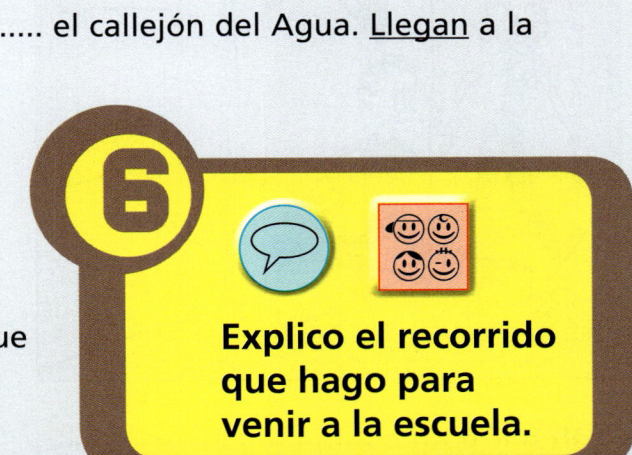
Explico el recorrido que hago para venir a la escuela.

FICHA 1 HACEMOS EL PLANO DEL BARRIO

7 Digo y escribo adónde van.

Tiene que ir a ....

Tiene que ir a ....

Van a ir a ....

Van a ir a ....

8 Digo adónde van y por qué.

9

Pregunto la dirección a mis compañeros y la apunto en la agenda.

¿Y tú dónde vives?

10

Describo mi barrio a mis compañeros.

En mi barrio hay una plaza, un supermercado muy grande y…

¡Vamos a dibujar el plano del barrio de la escuela!

Actividad final

FICHA 2 — JUGAMOS A ESCONDER Y A ENCONTRAR COSAS

1 Busco los muebles y digo dónde están.

- cocina
- estante
- HABITACIÓN DE LOS PADRES
- HABITACIÓN DEL NIÑO
- espejo
- armario
- ducha
- PASILLO
- lámpara
- sofá
- HABITACIÓN DE LA NIÑA
- cama
- librería
- BALCÓN
- SALÓN
- mesilla

—¿Dónde está la mesa?

—En el cuarto de baño, ¿y la cama?

armario de cocina

sillón

mesa

COCINA

CUARTO DE BAÑO

váter

nevera

silla

HABITACIÓN DE LOS ABUELOS

¿Dónde ponemos la nevera?

En la cocina.

2

Pongo los muebles en la habitación correspondiente.

3

Decido en que habitación va cada objeto.

cuadro

muñeca

televisión

ordenador

alfombra

póster

equipo de música

treinta y tres **33**

FICHA 2 — JUGAMOS A ESCONDER Y A ENCONTRAR COSAS

4. Descubro quiénes están hablando y numero las viñetas.

¿Dónde está el ....? — al lado de

Oye, papá, ¿dónde está la ....? — debajo de

Abuela, ¿dónde está mi ....? — detrás de

5. Vuelvo a escuchar y completo los diálogos.

34 treinta y cuatro

¿Dónde está el ....?

a la izquierda de

delante de

entre ___ y ___

dentro del

Oye, ¿dónde está mi ....?

encima de

Mamá, ¿dónde está el ....?

¿Dónde está el televisor?

En la habitación de los abuelos, dentro del armario.

6 Pregunto a mis compañeros dónde está lo que busco.

treinta y cinco **35**

FICHA 2 — JUGAMOS A ESCONDER Y A ENCONTRAR COSAS

7
Miro el dibujo, leo las pistas y resuelvo el crucigrama.

Etiquetas del dibujo: batería, caballete, papelera, consola, cuerda, diana, hucha, cometa

Horizontales
1 Está **al lado del** la ventana, **delante del** armario.
2 Está **detrás de** la puerta.
3 Está **entre** la tele y la ventana.
4 Está **en** el suelo, **debajo de** la cama.

Verticales
1 Está **encima de** unos libros.
2 Está **en** el suelo, **al lado de la** mesa, **a la izquierda** de la silla.
3 Está **en** la pared, **a la derecha del** cuadro y **cerca de** la puerta.
4 Está **encima de** la cama.

¡Atención!
de + el = del

36 treinta y seis

8

Pregunto dónde están las otras cosas que hay en la habitación.

¿Dónde está la mesilla?

Al lado de la puerta, a la izquierda de...

FICHA 2 — JUGAMOS A ESCONDER Y A ENCONTRAR COSAS

9 Busco las diez diferencias.

unos patines

unos libros

una bicicleta

una guitarra

un balón

10 Digo cuales son las diez diferencias.

Mira, aquí <u>hay unos</u> patines. Anda, al lado de la guitarra <u>hay un montón</u> de tebeos. Y también <u>hay cuatro</u> muñecas. Un balón, ¡aquí <u>hay un</u> balón! Oye, ¿y <u>no hay ninguna</u> bicicleta?

38 treinta y ocho

B

unos tebeos

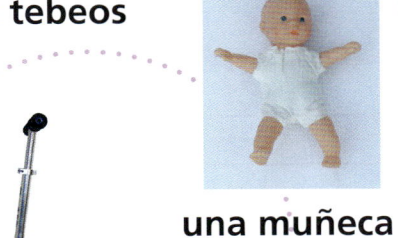

una muñeca

un patinete

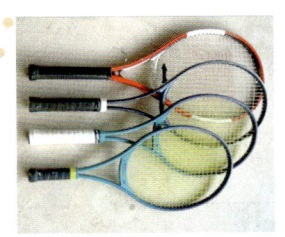

un monopatín

unas raquetas de tenis

Actividad final

¿Está en la papelera?

No, no, frío, frío.

¿Está cerca de la ventana?

Templado, templado.

¿Está debajo de la mesa de María?

Sí, sí, caliente, caliente.

A ver si encuentras lo que he escondido en clase.

treinta y nueve **39**

FICHA 3 — BUSCAMOS EL TESORO

EL VALLE DE LOS TEMPLOS

1.
2.
3.
4.
5.

1  Elijo un niño y le pongo un nombre.

2 Descubro quién encuentra el tesoro.

—Yo elijo el 1, que va en bici.
—Yo también. ¿Cómo lo llamamos?

❶	T	E	M	P	L	O		G	R	I	E	G	O
❷	M	E	Z	Q	U	I	T	A				
❸	I	G	L	E	S	I	A					
❹	T	E	M	P	L	O		E	G	I	P	C	I	O
❺	T	E	M	P	L	O		B	U	D	I	S	T	A
❻	S	I	N	A	G	O	G	A				

AEROPUERTO

SALIDA

3

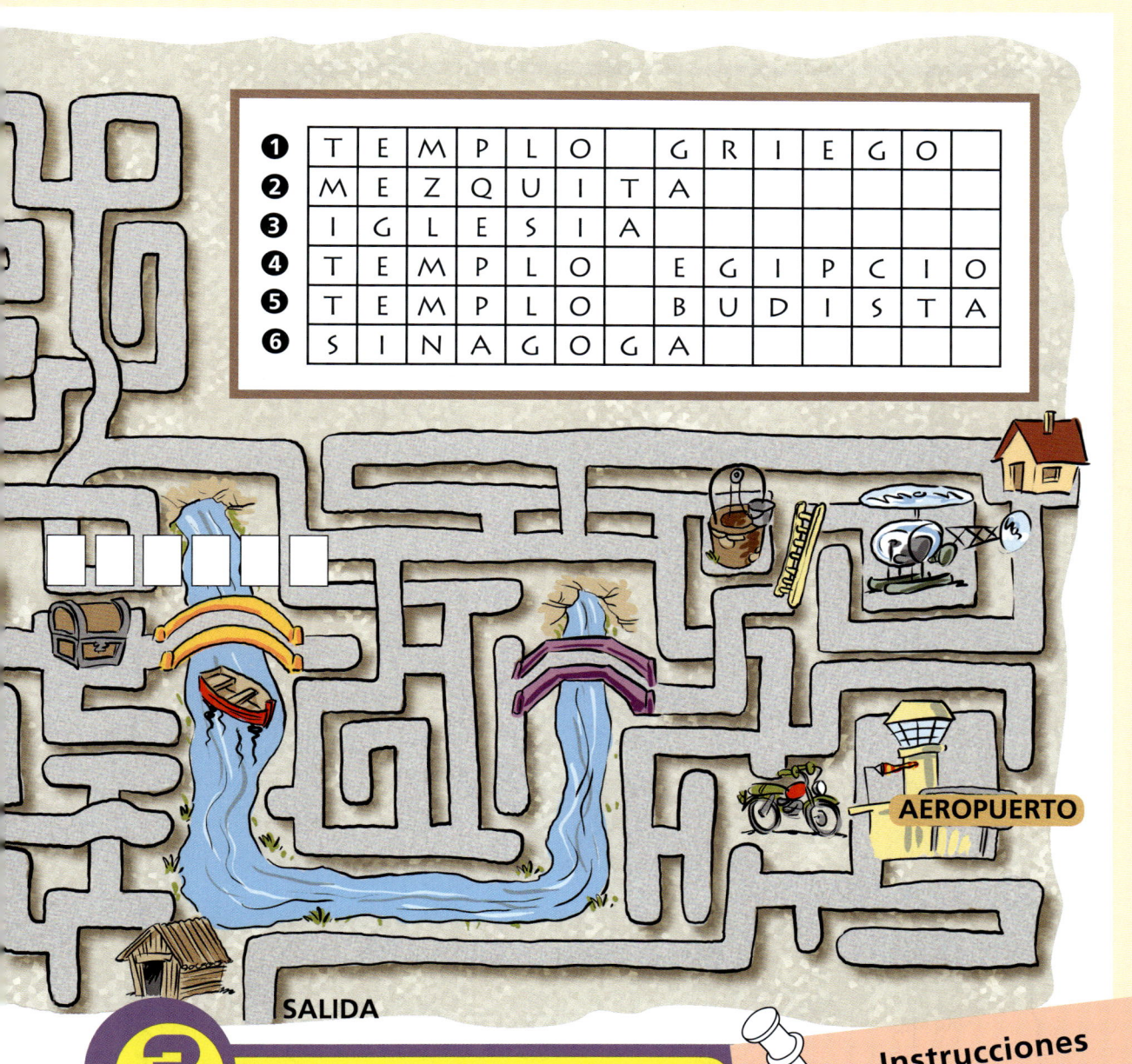

Escucho, marco las letras y descubro el tesoro.

4

Marco el camino para salir del laberinto.

Instrucciones para salir del laberinto

- Vas al río, coges la barca y vas hasta el segundo puente.
- Subes las escaleras y coges el helicóptero que te lleva al aeropuerto.
- En el aeropuerto coges la moto, giras a la derecha, después sigues por la segunda a la izquierda y vas todo recto hasta el final.

cuarenta y uno **41**

FICHA 3 — BUSCAMOS EL TESORO

5 Escucho y localizo los lugares en el mapa.

Isla del Silencio

- Acantilado de la Muerte
- Islote de las Gaviotas
- Lago del Descanso
- Río de los Desaparecidos
- Playa de los Vientos

¿Dónde está el Norte?

6

Vuelvo a escuchar y ordeno.

1
Diario del Corsario Sin Barba
Lunes 15 de abril

Llegamos por el Norte a la Isla del Silencio. Pasamos entre el Acantilado de la Muerte y

( ) hasta el volcán y luego hacia el Norte, hasta el cementerio. Allí enterramos el tesoro.

( ) Río de los Desaparecidos. Subimos por el río hasta el Lago del Descanso. Vamos hacia el Oeste

( ) el Islote de las Gaviotas en el Oeste. Navegamos hacia el Sur de la isla

( ) hasta la cabaña y luego hacia el Este, hasta las ruinas de la vieja ciudad. Seguimos hacia el Norte y llegamos al

( ) y desembarcamos en la Playa de los Vientos. Caminamos hacia el Norte

—¿Dónde está el volcán?
—Al oeste del lago. ¿Y la cabaña?

7

Dibujo el recorrido y completo el mapa.

8

Juego a buscar lugares en el mapa.

cuarenta y tres 43

/ **FICHA 3** BUSCAMOS EL TESORO

¡Aquí hay letras escondidas!

44 cuarenta y cuatro

1. Está en el zapato de la niña que coge al gato.
2. Busca en la botella que tiene una estrella.
3. La tiene en el pelo la niña que está en el suelo.
4. Juega con ella la niña morena.
5. Si hay tres, en el más grande una letra ves.
6. Está en el tejado de la casa de al lado.
7. Está en la camiseta de la niña que salta a cuerda.
8. Si miras el balón verás un montón.
9. La tiene en el dedo el niño pequeño.
10. Está en la pared, escrita al revés.
11. La ve un señor en el televisor.
12. El gato y el perro miran la letra que tienen en medio.
13. Está en el bolso de la señora que mira la hora.
14. La tiene en la falda la niña que baila.

9

Leo, busco y completo.

En la pa _ _ _ _
   ① ② ③ ④

el _ _ je _ _ está.
  ⑤ ⑥   ⑦ ⑧

Un ins _ r _ men _ _
        ⑨   ⑩   ⑪ ⑫

que alguien to_ _rá.
                  ⑬ ⑭

10

Busco el objeto escondido en el póster.

El objeto escondido es una

_ _ _ _ _ _ _ _

¿Jugamos a buscar tesoros?

Actividad final

FICHA 4 — VOY A COMPROBAR SI YA ME LO SÉ

1. ¿VIENES ESTA TARDE A MI CASA?
2. VALE, ¿............... VIVES?
3. .... LA CALLE DE SILVA.
4. ¿Y DÓNDE ....?
5. MIRA, ... LA PRIMERA CALLE A LA DERECHA...
6. SIGUES RECTO .... EL FINAL Y .... A LA IZQUIERDA.
7. SÍ, ALLÍ .... UNA PLAZA. .... LA PLAZA Y ENFRENTE .... LA CALLE.
8. ¿DÓNDE .... EL CINE?
9. SÍ, YO VIVO AL LADO, EN EL .... 21, EN EL PRIMER ....
10. ¡DALE! ¡QUÉ DIVERTIDO!
11. ¡OS VAMOS A GANAR!
12. ¡CUIDADO!

FIIIIUUUU

13. ¿DÓNDE ESTÁ LA PELOTA?

14. .... DE LA CAMA, NO. .... UNA PELOTA, PERO DE FÚTBOL.

15. .... LA MESA .... DOS PELOTAS, PERO DE PING-PONG.

16. EN LA PAPELERA HAY UN .... DE PAPELES, PERO NO HAY .... PELOTA.

17. MIRA ALLÍ, ... LA GUITARRA.

18. NO, ... UN LIBRO.

19. PUES .... DEL ARMARIO TAMPOCO ESTÁ.

20. MIRA, ESTÁ ALLÍ. .... DE LA VENTANA, ... LA MESA .... LA PLANTA.

21. AQUÍ ESTÁ. ¿SEGUIMOS JUGANDO?

Voy a completar y a leer el cómic.

cuarenta y siete **47**

COSAS PARA RECORDAR

¿Dónde vives?

Vivo en la calle de la Torre, número 4, primero izquierda.

Margarita Alonso Blanco
C/ de la Torre, 4, 1º Izq.
15002 La Coruña
España

Décimo izquierda	Décimo derecha
Noveno izquierda	Noveno derecha
Octavo izquierda	Octavo derecha
Séptimo izquierda	Séptimo derecha
Sexto izquierda	Sexto derecha
Quinto izquierda	Quinto derecha
Cuarto izquierda	Cuarto derecha
Tercero izquierda	Tercero derecha
Segundo izquierda	Segundo derecha
Primero izquierda	Primero derecha

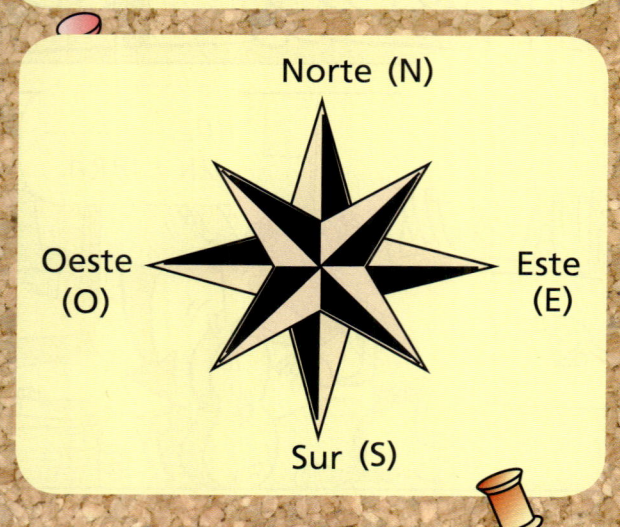

Norte (N)
Oeste (O)
Este (E)
Sur (S)

Sigues todo recto…
… giras en la segunda calle a la derecha,
… cruzas la plaza,
… y sigues todo recto hasta el final.

¿Qué hay aquí?

Hay unos…
Hay un montón de…
Hay dos…
Hay un/una…
No hay ningún/ninguna…

¿Dónde está?

dentro de  — encima de  — a la izquierda de  — al lado de

delante de  — detrás de  — a la derecha de  — debajo de

CUADERNO 3

DESCUBRIMOS
LAS PLANTAS

¿Qué plantamos?

FICHA 1 — CONOCEMOS EL MUNDO DE LAS PLANTAS

1 📖 ☒ 😉
Leo y contesto el test.

¿Te gustan las plantas?
¿Eres un buen amigo de las plantas? Si haces este pequeño test, puedes descubrirlo.

1. **¿Qué prefiero tener en casa?**
   - a Plantas.
   - b Ramos de flores.
   - c Flores de plástico.

2. **En el patio de mi colegio ideal hay...**
   - a hierba y árboles.
   - b tierra y arena.
   - c cemento.

3. **Planto una semilla en clase. Cuando crece la planta, ¿qué hago?**
   - a La llevo a mi casa.
   - b La dejo en clase.
   - c La tiro.

4. **Se rompe una maceta, ¿qué hago?**
   - a Pongo la planta en otra maceta.
   - b La dejo en el suelo.
   - c La tiro.

5. **Nos vamos de vacaciones. ¿Qué hacemos en casa con las plantas?**
   - a Las dejamos en casa de un amigo.
   - b Las dejamos en la bañera con agua.
   - c No nos preocupamos, sobrevivirán.

Bueno, voy a ver si me llevo bien con las plantas.

50 cincuenta

6. Voy a salir de casa y veo que la planta que está en el salón tiene la tierra seca.

- a La riego inmediatamente.
- b Grito: "¡Hay que regar la planta!"
- c Pienso que hace calor.

7. Me regalan una planta.

- a Busco un buen sitio para colocarla.
- b La pongo con las otras plantas.
- c La dejo en cualquier sitio.

Resultado

Si la mayoría de tus respuestas son:

a ¡Enhorabuena! Eres un buen amigo de las plantas.

b ¡Vas por buen camino! En el fondo te gustan, pero aún no lo sabes.

c Crees que no te gustan porque no las conoces. ¡Ven a conocerlas!

2 Hago el test a mi compañero.

3 Comento las respuestas con mis compañeros.

¿Qué prefieres tener en casa? a, Plantas; b, ...

¿Yo? Plantas. ¿Y tú?

Si nos vamos de vacaciones, dejamos las plantas en la bañera.

Pues nosotros las dejamos en casa de un amigo.

FICHA 1 — CONOCEMOS EL MUNDO DE LAS PLANTAS

1. LOS ÁRBOLES

2. LAS PLANTAS ACUÁTICAS

3. LAS PLANTAS DEL DESIERTO

4. Escucho y escribo el nombre de cada planta.

- LA ROSA
- EL EUCALIPTO
- EL NENÚFAR
- LA HIERBABUENA
- EL CACTUS
- LA ORQUÍDEA
- EL SAUCE LLORÓN

5. Vuelvo a escuchar y completo los bocadillos.

¡Anda, vive en el agua!
¡Cuántos pinchos tiene!
¡Fíjate qué árbol tan raro!
¡Cuidado que pincha!
¡Qué bonita!
¡Qué bien huele!
¡Mira qué árbol tan alto!

4. LAS FLORES DE JARDÍN

5. LAS PLANTAS AROMÁTICAS

6. LAS FLORES TROPICALES

6
Pregunto a mi compañero dónde está cada planta.

¿Dónde está la orquídea?

¿La orquídea? Con las flores tropicales.

7
Completo el cuaderno de Luis.

Mi visita al jardín botánico
Hay un árbol muy alto que se llama .... y otro muy raro, el .... llorón.
Hay una planta que vive en el agua que se llama ....
La .... es una flor de jardín muy bonita, pero pincha.
Las plantas .... huelen bien, como por ejemplo la hierbabuena.
El cactus es una planta del .... y la .... es una flor tropical.

cincuenta y tres

FICHA 1 — CONOCEMOS EL MUNDO DE LAS PLANTAS

8. Escucho y escribo la inicial de la planta a la que se refiere cada información.

¿De Australia? ¡El eucalipto!

- ☐ Parece que está llorando.
- ☐ Mide hasta 20 metros.
- ☐ Es bueno para la tos.
- ☐ Es una especie de Australia.
- ☐ Necesita calor y humedad.
- ☐ Tiene muchos pinchos.
- ☐ Vive en el agua.

- ☐ Es una flor bonita, pero pincha.
- ☐ Es de Venezuela.
- ☐ Es una planta acuática.
- ☐ Se utiliza para cocinar.
- ☐ Sus ramas llegan hasta el suelo.
- ☐ Es una planta del desierto.

9. Completo las fichas de las plantas.

el eucaliptus
Características:
Es una especie de ....
Es muy alto.
Es ....
....

el nenúfar
Características:
Es una planta ....
Vive en el ....

el cactus
Características:
Vive en el ....
Tiene muchos pinchos.
Puede medir hasta ....

la hierbabuena

Características:
Es ....
....
Se utiliza para
....
Huele muy bien.

la rosa

Características:
Es una flor de
....
Pincha.
Tiene muchos
....

el sauce llorón

Características:
Parece que
....
Las .... llegan
....
Tiene muchas hojas.

la orquídea

Características:
Es una flor
....
Necesita ....
y ....

10

Hago la ficha de mi planta preferida y explico cómo es.

Busco clavel en Internet.

¿Hacemos un fichero de plantas para la clase?

FICHA

NOMBRE:

....

CARACTERÍSTICAS:

....

....

....

FICHA 1 — CONOCEMOS EL MUNDO DE LAS PLANTAS

¿Sabías que las plantas esconden muchos secretos?

Ahora vas a descubrir algunos, pero cuidado. Algunas plantas son venenosas y otras… ¡carnívoras!

1. El **cactus**, sabes qué planta es ¿verdad? Esa que crece en el desierto y pincha. Puede ser muy útil tener uno en casa si tienes un ordenador. ¿Sabes por qué?

2. La **hiedra** es muy verde. Trepa por las paredes y crece muy rápido. Además puede ser una gran limpiadora. ¿Sabes por qué?

3. ¿Te pican los mosquitos? La **albahaca**, esa planta que huele tan bien, puede ser muy útil contra los mosquitos. ¿Sabes cómo?

- ○ Con su olor los espanta.
- ○ Atrapa a los insectos.
- ○ Limpia el aire de casa.
- ○ Absorbe las radiaciones.
- ○ Para matar ratas.
- ○ Haces una infusión y te la tomas

11 Digo cuáles son los secretos de las plantas.

— Yo creo que el cactus se come a los mosquitos.
— Pues yo creo que es la planta carnívora.

56 cincuenta y seis

Qué bonita es la **manzanilla**, ¿verdad? Sus flores tienen pétalos blancos y el centro amarillo. Si no te encuentras bien, te puede ayudar. ¿Sabes cómo?

4

¡Qué rara!, ¿verdad? Es una **planta carnívora** y para algunos animales puede ser peligrosa. En casa, puede ser útil.
¿Sabes por qué?

5

Mira qué flores tan bonitas tiene esta planta. Pero… ¡cuidado con ella! Se llama **adelfa** y es muy venenosa. ¿Sabes para qué se puede usar?

6

¿Sabes por qué puede ser muy útil el cactus?

¿Sabes cómo te puede ayudar la manzanilla?

¿A que no sabes para qué se puede usar la adelfa?

12
Escucho y pongo a cada secreto el número correspondiente.

13
Pregunto cuáles son los secretos de las plantas.

Actividad final

¿Por qué no hacemos un póster de plantas para la clase?

Podemos preguntar en casa, en el mercado, al profe…

cincuenta y siete 57

FICHA 2 — APRENDEMOS A PLANTAR

1 Escucho la canción y numero los dibujos.

- Es para el cole... Es que vamos a plantar...
- Este es el mejor abono.
- ¡Uy! Una vaca en clase... No sé, no sé...

☐ COGER UN POCO DE TIERRA

☐ ABONAR LA TIERRA

- Ponerla al sol, pero ¿y si se quema?
- ¿Cuándo es primavera?
- Después del invierno y antes del verano.

☐ SABER EN QUÉ MES PLANTAR

☐ PONER LA PLANTA AL SOL

- ¿Dónde está el fuego?
- No, si era para regar esta planta.
- Profe, ¿el abeto lo plantamos en la botella?

☐ REGAR LA PLANTA

☐ PONER LA PLANTA EN UNA MACETA, UNA BOTELLA O UNA CAJA

2. Vuelvo a escuchar la canción y completo la letra.

PLANTAR ES UNA AVENTURA

Estas instrucciones hay que respetar,
si jardinero quieres ser y plantar.

Primero, el calendario tienes que mirar
para .... en qué mes ....
Primavera, invierno, otoño o verano
cada planta tiene su momento del año.

Después un poco de tierra .... coger,
para que la planta se sujete bien.
Usa una maceta, una .... o una ....
el tamaño depende de lo que plantes en ella.

Luego la .... tienes que .... ,
y después la planta tienes que ....
Échale agua, no seas tacaño,
pero con cuidado, no le hagas daño.

Y al final, ponerla ....
o en un sitio protegido
y así la planta no pasa ni calor ni frío,
y así la planta no pasa ni calor ni frío,
y así la planta no pasa ni calor ni frío.

Estas instrucciones .... respetar,
si jardinero quieres ser y ....

¿Nos la aprendemos y la cantamos?

¡Sí! A ver qué grupo la canta mejor.

3. Aprendo la canción y la canto.

APRENDEMOS A PLANTAR

PRIMERO...

DESPUÉS...

Y LUEGO...

AL FINAL...

4 Digo en orden las cosas que hay que hacer para plantar.

—A ver, entonces, ¿qué hay que hacer para plantar?
—<u>Tienes que</u> abonar la tierra.
—<u>Hay que</u> regar la planta.
—<u>Necesitamos</u> tierra.
—Sí, pero… ¿qué es lo primero?
—<u>Primero</u>, saber el mes, ¿y después?
—<u>Después</u> abonamos <u>y luego</u> elegimos el momento del año.
—¡No! Primero elegimos el momento y después abonamos.
—¡No! Primero regamos y después abonamos.
—¡No, no y no! Primero la tierra.
—¡Sí! Primero la tierra, después abonamos <u>y al final</u> la ponemos al sol o la tenemos protegida.

5 Digo las instrucciones desordenadas.

¡A ver si descubres las mentiras!

6 Escribo las instrucciones para plantar.

INSTRUCCIONES PARA PLANTAR

Primero tengo que ....

....

Después ....

....

Y luego ....

....

Al final ....

....

FICHA 2 APRENDEMOS A PLANTAR

7 Escucho el nombre y escribo el número.

..... MACETA

..... REGADERA

..... CALENDARIO

..... TIERRA

..... RAMA

..... BOTELLA

..... HOJA

..... PALA

..... CAJA

..... GUANTES

..... BOTE DE CRISTAL

..... TIJERAS

..... PERIÓDICO

..... FLOR

..... SOL

..... RASTRILLO

..... SEMILLAS

..... LUNA

..... ESCOBA

..... PIEDRAS

El siete.

La rama, ¿y el once?

8 Digo el nombre que corresponde a cada número.

9 Represento con mímica los objetos.

sesenta y tres **63**

FICHA 2 — APRENDEMOS A PLANTAR

10 Escribo lo que necesito para plantar.

¿QUÉ NECESITO PARA PLANTAR?

Necesito, no necesito...

11 Dibujo los objetos y los recorto.

12 Pido lo que necesito para plantar.

–¿<u>Me pasas</u> la tierra?
–Sí, <u>tóma**la**</u>.
–¿<u>Me das</u> los guantes?
–Claro, <u>cóge**los**</u>.
–<u>Dame</u> las semillas, por favor.
–Yo no **las** tengo.
–<u>Toma</u>, el rastrillo.
–No **lo** necesito, gracias.

13

Decido cinco cosas que necesito, a ver si las adivinan.

¿Necesitas el rastrillo?

No, no lo necesito.

¿Y las tijeras?

Sí, pásamelas.

Actividad final

Tenemos que organizarnos para plantar en clase. Decidimos qué vamos a plantar...

y qué trae cada uno...

y dónde vamos a poner las plantas.

FICHA 3 — DESCUBRIMOS OTROS SECRETOS DE LAS PLANTAS

1. Escucho y numero los experimentos.

2. Escucho de nuevo y ordeno las instrucciones.

EL JARDÍN DE ZANAHORIAS

Experimento n° ....

- Las pones en la maceta con la parte verde hacia arriba.
- Pones un poco más de tierra.
- Cortas la parte de arriba de unas zanahorias.
- Pones la maceta en un lugar con mucha luz y calentito.
- Les echas agua.
- Pones un poco de tierra en una maceta grande.

¿Cuál es el experimento n° 1?

LA BRUJA SE CONVIERTE EN PRINCESA

Experimento n° ....

- Empiezan a salir las raíces y, poco a poco, una bonita planta.
- Controlas todos los días si tiene agua.
- Pones el bote al lado de una ventana.
- Pones una batata dentro del bote con una parte fuera del agua.
- Coges un bote de cristal o de plástico.
- Le pones un poco de agua.

TU NOMBRE EN LA HIERBA

Experimento nº ....

Petals (daisy):
- Escribes tu nombre en una cartulina y recortas las letras.
- Quitas la cartulina y riegas con un poco de agua.
- Pones un poco de tierra en una caja no muy alta.
- Días después, tu nombre aparece escrito con hierba.
- Pones la cartulina encima de la tierra.
- Plantas las semillas de hierba en las letras de tu nombre.

— Pongo la maceta...
— Tienes que coger un poco de tierra...

3. Escribo las instrucciones ordenadas de cada experimento.

Instrucciones

Experimento nº ......

PRIMERO ....
DESPUÉS ....
Y ....
LUEGO ....
DESPUÉS ....
AL FINAL ....

4. Cuento a mis compañeros cómo hacer los experimentos.

sesenta y siete 67

FICHA 3 — DESCUBRIMOS OTROS SECRETOS DE LAS PLANTAS

5 Leo y pongo el nombre a cada foto.

¿Por qué no plantas hoy...?

Hay plantas para adornar, para comer, para curar enfermedades... Y plantas que te ayudan a decidir. Hoy presentamos algunas semillas que puedes plantar en casa o en el colegio. ¡Venga! Sólo necesitas un poco de tierra y... ¡Qué emoción verlas crecer!

¿Cómo se llama esta planta en español?

1 LA _ _ _ _ _ _ _ _ _
- Se planta en abril. 
- Necesita mucho sol.
- Hay que plantar muchas semillas.
- Sus pétalos te ayudan a decidir.

2 LAS _ _ _ _ _ _ _ 
- Se plantan en abril y se comen en junio.
- Hay que poner 5 semillas juntas a 3 cm de profundidad.
- Entre una planta y otra, tienes que dejar 30 cm de separación.

3 EL _ _ _ _ _ _ _ 
- Se planta en abril.
- Hay que poner 4 semillas juntas.
- Sus semillas se pueden comer y son muy ricas. Se llaman pipas.

68 sesenta y ocho

4 EL _ _ _ _ _ _
- Se planta en abril.
- Crece muy rápido: en 3 semanas ya se puede comer.
- Se ponen las semillas a 5 cm una de otra.

5 EL _ _ _ _ _ _ _
- Se planta en primavera.
- Las semillas se ponen en agua caliente antes de plantarlas.
- Se usa para cocinar.

6 Elijo una planta.

Plantamos margaritas, ¿vale?

No, mejor girasoles.

7 Adivino qué van a plantar mis compañeros.

¿SE PUEDE COMER? ¿HAY QUE PONER LAS SEMILLAS EN AGUA CALIENTE? ¿SE PLANTA EN ABRIL?

FRÍO, FRÍO. CALIENTE, CALIENTE.

Actividad final

¡Qué bien! Ya podemos hacer nuestro rincón de la naturaleza.

FICHA 4 — VOY A COMPROBAR SI YA ME LO SÉ

NUESTRO RINCÓN DE LA NATURALEZA

1. ¿CREAMOS UN RINCÓN DE LA NATURALEZA?
2. VALE, PERO, SI .... HACER UN PEQUEÑO JARDÍN .... QUE DECIDIR QUÉ PLANTAMOS.
3. ZANAHORIAS, ROSAS, CACTUS, MARGARITAS...
4. A VER, ... PONEMOS LA TIERRA...
5. ¿ME DAS UNA MACETA?
6. SÍ, ... ¿NECESITAS MÁS TIERRA?
7. SÍ, UN POCO.
8. PONEMOS LAS SEMILLAS Y EL ABONO.
9. .... LAS SEMILLAS, POR FAVOR.
10. ....
11. .... LE PONEMOS EL AGUA. ¿ .... LA REGADERA?
12. CLARO, ...
13. Y .... LA PONEMOS AL LADO DE LA VENTANA.
14. ¿QUIERES EL ....?
15. NO, GRACIAS, NO .... NECESITO.

SEMANAS MÁS TARDE...

16 ¡............... LAS ROSAS!

17 ¡QUÉ BONITAS SON!

18 SÍ, PERO .... REGARLAS!

19 ¡AY, ... QUE PINCHAN!

20 ¡............... EN LAS MARGARITAS! ¡ESTÁN MUY FEAS!

21 CLARO, LAS MARGARITAS .... MUCHO SOL.

22 .... PONERLAS AL LADO DE LA VENTANA.

23 OYE, LAS JUDÍAS VERDES, ¿CUÁNDO ....?

24 EN ABRIL, Y SE COMEN EN JUNIO.

25 ESTAS INSTRUCCIONES .... RESPETAR SI JARDINERO QUIERES SER Y ....

¡Ya está! Y ahora vamos a leer el cómic.

setenta y uno **71**

COSAS PARA RECORDAR

Si me voy de viaje, <u>dejo</u> las plantas en la bañera.

Instrucciones para...

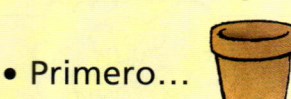

- Primero...
- Después... 
- ... y... 
- Luego...
- Al final...

- Hay que...
- Tienes que...
- Necesitamos...

¿Sabes por qué...?
¿Sabes cómo...?
¿A que no sabes para qué...?

 • ¿Me <u>la</u> pasas?	• Sí, tómala.	(toma + la = tómala)
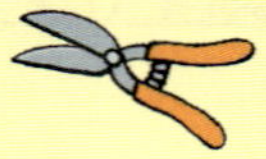 • ¿Me <u>las</u> das?	• Claro, cógelas.	(coge + las = cógelas)
 • Por favor, dámelo.	• Yo no <u>lo</u> tengo.	(dame + lo = dámelo)
 • Tómalos.	• No <u>los</u> necesito, gracias.	(toma + los = tómalos)

NOTAS